JN410032

그녀였던 나

국립중앙도서관 출판예정도서목록(CIP)

그녀였던 나 : 임경숙 시집 / 지은이: 임경숙. -- 대전 : 지혜 : 애지, 2018
p. ; cm. -- (J.H classic ; 025)

ISBN 979-11-5728-300-2 03810 : ₩10000

한국 현대시[韓國現代詩]

811.62-KDC6
895.714-DDC23 CIP2018031015

J.H CLASSIC 025

그녀였던 나

임경숙

지혜

시인의 말

시와 더불어 보내온 시간

자신과 주변을 바라보는 눈길은

늘 새로웠다.

무심한 눈빛이 아니라

날로 더 새로워지기를

갈망한다

2018년 가을
임경숙

차례

시인의 말 ---- 5

1부

그녀였던 나 ---- 12
그대의 자물쇠 ---- 14
진주 목걸이 ---- 16
북쪽 비상구 ---- 18
초식의 비애 ---- 20
공원 묘역 ---- 22
자화상 ---- 23
검은 봉지 ---- 25
때 늦은 밥 ---- 27
야성의 순간 ---- 28
덤 ---- 29
겨울, 추천역 ---- 30
애월에 와서 ---- 31
무량사無量寺 ---- 32
별에서 산다 ---- 33

2부

반가사유상 36
오늘의 메뉴 37
붕괴 38
잉어 40
국밥을 먹다가 41
턱 42
씀바귀 43
좁은 문 44
할미꽃 45
조나단 1 46
조나단 2 47
전갈이 있던 자리 48
폐가에서 49
곶자왈에 들다 50
108번 버스 51

3부

설빔 54
손톱 56
세월 57
에곤 쉴레 읽는 밤 58
어머니 씨앗 59
불면도不眠島 60
여름 손님 61
금이 가다 62
혼밥 63
소나기 65
태몽 66
공중부양 67
시선 68
소월의 꽃 69
무화과 70

4부

이상한 나이 72
풋사랑 73
돌탑 74
무창포 바닷길 75
물의 안내자 76
한식 77
붉은 신호등 79
조등 아래서 80
곰배령 81
될마라 고개 82
먼 거리 83
멍 84
고양이 설법 85
저녁의 문 86
눈물은 왜 뜨거운가 87
여름 코스모스 89

해설 • 서정의 길에서 만난 자아의 결핍과 그 완성을 위한 도정 • 송기한 92

• 일러두기
한 연이 첫 번째 행에서 시작될 때는 > 로 표시합니다.

1부

그녀였던 나

산골 절집에
만개한 목백일홍
꽃구름 떠올라 눈부시다

언젠가 나와 함께 보았노라
그대 말하지만
꽃그늘 아래로 걸어간
그녀 이름 묻지 않았다

와 본 적 없는 이 꽃길에
따라나선 그녀는 누구였나

그대는 낯선 풍경 속에
언제나 나와 함께 있었다지만
잡았던 손의 온기, 정말 나였을까
생의 어느 길모퉁이에서 그녀였던 나
까마득히 내가 잊고 있었나

슬몃, 풍겨오는 낯익은 향기
몇 생을 건너와 걸어보고

어느 생에선가 또 다시
걸어갈 것만 같은 이 길목

그대의 자물쇠

사마대 장성 가파른 오름길에는
모양도 크기도 다양한 자물쇠가 걸려있다
자물쇠를 채우며
영원한 맹세 꿈꾸었으리라
다시는 찾을 수 없도록
아득한 거리에 열쇠는 숨겼으리라

우리네 사랑은 한동안 반짝거리다
점점 빛이 바래지다가
검붉은 녹이 번지면서 삐걱대는 것
잠그려 할수록 더 멀어지고, 멀어질수록
허튼 맹세는 지울 수 없도록
차디찬 바위에 또렷하게 새겨져
마음이란 영영 잠글 수 없다는 뼈아픈 깨달음

허공을 가르며 던져버린 그 열쇠
천 길 낭떠러지 어디쯤에서
가쁜 숨 몰아쉬며 헐떡이고 있을까

산허리 스쳐가는 가벼운 바람결에도

쉽사리 덜컥거리는 비릿한 녹 내음
단단한 쇠사슬도 제 몸을 허물고 있다

진주 목걸이

해남도 싼야 해변에는
온종일 햇빛에 끄슬려 까매진 목에다
뽀얀 진주 목걸이를 걸치고
쩐더쩐더, 외치는 아낙들이 있다

풍상에 절은 근력 어찌나 눈이 밝은지
사람 가려내는 솜씨가 보통이 아니다
허술해 보이는 여행객 꽁무니마다
서너 명씩 따라붙어 끈질기게 보챈다

진짜보다 더 고운 가짜들
박박 힘주면 껍질째 훌러덩 벗겨지는 유리알
살살 긁으면 상아빛 가루가 분분한
진짜 진주를 움켜쥐니
따이족 아낙 못내 섭섭해 한다

가짜 위에 진액 뭉쳐 진짜 진주가 되듯
진짜 유리알에 덧칠해서 만든 것도 진짜라고
세상엔 가짜와 진짜가 절반이니 매한가지라고
순도 백 프로 진주가 어딨냐고 우기는 통에

>

진짜 진주 같은 아낙들의 말을 꿰어
가만가만 내 목에 걸쳐 놓았다

북쪽 비상구

병원 복도 끝에는 비상구가 있다
한낮에도 어둠침침, 얼굴을 가려주는

세상에는 보여서는 안 될 눈물이 있다
흔해서 무뎌진 눈물이 아니라
순도가 높아서
새하얗게 질린 눈물이다

눈물을 들키는 순간
더 억장으로 무너지는 가슴이 있기에
숨어서만 울 수 있는 소리 없는 통곡이다

온전히 제 살을 후비면서 안으로
안으로만 파고드는 속울음이다
슬픔이 슬픔과 손을 다잡고
내밀하게 움푹 패이는 눈물샘이다

다급하게 뛰어오는 누군가의 발자국
비상구를 연다
생경하게 다가온 생사의 갈림길에서

뛰쳐나온, 나와 같은 사람인가

병원 복도 끝에는 비상구가 있다
한낮에도 어둠침침, 얼굴을 가려주는

초식의 비애

무리 진 사자들이 새끼 물소를 뜯어 먹는다
잘 벼린 송곳니 뜨거운 햇살에 날을 갈면서
주린 목구멍 너머로 차갑게 삼킨다
충혈된 눈동자가 번뜩인다
입가에 묻은 선명한 경계, 가까이 다가와 있는
물소 떼를 향하여 금을 긋는다

두 눈을 부릅뜨고 보아라
너의 새끼는 우리의 일용할 양식
우리는 하루 벌어 하루 먹고 사는 하루살이들
내일의 태양은 없다 땡볕에 서 있어도
땀 한 방울 샘솟지 못하는 가문 몸이다
물소 어미가 돌아선다 눈물 한 방울도 없이

인력사무소 사무실을 빠져나온 정씨
밀려든 중국인 젊은 어깨들에 밀려나
터벅터벅 걸어가는 한낮

저것들이 먹다만 깡통이나 스트로폼 따위를
벽 속으로 처넣고 발라 버리는데

지들이 살 집이 아니니까 상관없겠지

고개를 주억거리며 되새김질만 한다

공원 묘역

한낮에도 산 그림자 드리워진 공원 묘역
음지에도 억척스레 피어난 조화들이
질주하는 세상 향해 요염을 흩뿌린다

여기는 생이 빠져나가는 자리
봉분 하나 흔적으로 남기는 유적지
한 번도 시든 적 없는 꽃들이
허공에서 흔들흔들, 떠있는 꽃상여다

잠시 꽃구름 세상 같은

생이란
한순간에 사라진 봄날 아지랑이
손 안에 쥐어보려 해도
흘러내리는 모래알

돌아보니 아픈 꿈길이다

자화상

하루에도 몇 번은 지평선이 바뀌는
모래언덕에 걸터앉아
생떽쥐페르의 운석을 기다린다
지리멸렬한 어제와 오늘이 꼬리 연처럼 맞물려
재채기를 할 때마다 한 줌 먼지 알만큼
부여받은 생의 권태가 튕겨져 나온다

불사의 축복이 재앙으로 다가오는 순간
목숨만 한없이 길어진 쿠메의 무녀
이 기나긴 시간을 어찌 건너갈까
푸석거리는 가슴속엔 그녀가 산다
죽고 싶어도 죽지 못하는 절망이 절망한다

아무리 둘러봐도 보이는 건 막막한 사막
발밑에 와 닿는 건 세상의 뜨거운 맛이다
휘몰아치는 모래폭풍 속에서도
오로지 길 하나만 기억하고 걸어갔을 외봉 낙타
그 발자국은 깊고 푸른 오아시스를 품고 있었다

사막 한가운데 나의 무의미를 뉘어보면

풀 한 포기 자라나지 않는 불모지에
하얗게 육탈한 뼈들이 물기 젖은 눈망울로 깨어나
그 열사의 대지 쪽으로 한 걸음씩 가보고 싶어할까

검은 봉지

먹다 남은 감정일랑 상하기 전
봉지 속에 꼭꼭 넣어
냉동실에 얼려버려요

그 옛날 버스 안내양처럼
무표정해 밀어 넣는 우격다짐
출구는 봉쇄되고 입구만 붐비는 곳
간혹 문이 닫히지 않으면
미어터지기 일보 직전까지
팔꿈치 힘으로라도 쑤셔 봐요

한번 들어간 과잉된 감정은
시베리아 종신 유배형
풀려날 기미 없이
들킬 염려 없는 딱 좋은 은신처

오늘도 먹다 남은 감정들
남이 볼세라 밀어 넣다가
심통난 봉지들의 대반란
허공으로 몸을 던지는

탈주극이 벌어졌어요

한꺼번에 떨어지네요

제 발등 제가 찍었어요

때 늦은 밥

바쁘다는 핑계로
서두르며 뱉던 말
그냥 헤어지기 섭섭해
무성했던 말치레

언제 밥 한번 먹자

수없이 오가던 가로수 길
이팝나무 고봉으로 피고 졌어도
잊고 지나쳤던 그 길에
조등 하나 켜졌다

낯선 얼굴 틈에 끼어서
눈시울 붉혀가며 떠 넣는
빛바랜 약속

너는 거기서, 나는 여기서
때 늦은 밥을 먹는다

야성의 순간

벌건 대낮 길거리 한복판에
위풍당당 바지를 내렸다
오가던 차량과 사람들 소음
한순간 음소거로 정지되고
고요함 속으로 뛰어든 폭포수 한 줄기
정글 속으로 들어가는 길이 뚫린다

꿈틀꿈틀, 일어서는 원초적 몸짓
줏대 하나 꼿꼿하게 치켜들고
사방에서 조준하는 눈총들
빳빳하게 되받아치면서
먹물 먹은 아스팔트
시원스레 씻어버렸다

페르몬 짙게 풍겨나는 발 아래
그만의 영역에서 들려오는
짐승의 으렁으렁
문명 속에 잠자던 야성의 냄새
숨죽이며 도사린 음지를 꺼내어
봄 햇살에 말려보는 속웃음

덤

아름다운 입술이 아름다운 말을 해요
고객님의 선택을 믿는다고
불신의 시대에 무한 신뢰 눈길을 던지면서
귀에 와 꼭꼭 박히는 말만 골라 해요
게다가 본품보다 더 빛나는 덤도 준다네요
바람 불지 않아도 펄럭이는 귀
가벼운 귀가 또 팔랑거려요
사려는 물건은 안중에도 없고
조명등 아래 존재감 뿜뿜 드러내며 반짝거리는
인생템에 그만 눈이 멀어버렸어요
목에 두르면 날아오를 듯
나비날개 닮은 스카프 자꾸만 눈에 밟혀요
손가락이 두근거려요
먼저 낚아챌 손들이 많을까봐
저기 좀 보세요 선풍기 바람에 나부끼는 날개들
한없이 애틋한 눈길로 바라보네요
어느 누가 나를 그렇게 바라봐줄까요
오늘도 덤으로 살았어요
dumb(바보)인지 dump(쓰레기)인지 헷갈리지만

겨울, 추천역

열차는 더 이상 오르지 못했다
태백을 감돌아
허리가 휘도록 달려왔지만
끝내 멈춰서야 하는 고도한계선

저 멀리 흐릿한 능선마다
팽팽하게 줄 당기는 눈보라
맵찬 바람결에 실려 온 싸락눈
얼어붙은 뺨에 쓰리다

골짜기에 자작나무 몇 그루
남아있는 허물마저 벗어버리고
산언덕마다 뼈대만 남아있는 싸릿대
섭슬리며 울부짖는다

허울뿐인 허상이 모두 지워진
시린 산정에 홀로 서면
오롯하게 남을 것만 남아
동안거에 들어가 있다

애월에 와서

태풍이 몰아치던 밤
구멍 뚫린 담장은 말짱했지만
시멘트 벽돌담은 무너져 내렸다

무너진 담장 아래 인부는
부려놓은 돌더미 쌓다말고
걸음을 멈춘 이에게
바람 길을 막고 있으니 비켜서라고
담장도 숨통을 막아놓으면 무너진단다

이따금씩 담장 사이로
하늘도 들이고 바다도 들이고
지나가는 사람들 발길도 들이고
마당가 피어난 꽃향기도 내보내면서
틈을 보여야 사는 맛이 난다는 말

애월에 와서야 알았다
순간순간 그렇게 무릎 꺾이던 일
바람 길 하나 없이
버티는 게 얼마나 힘겨웠나
내 몸 속 어딘가에 바람 길 하나쯤 내줘야겠다

무량사無量寺

이 종을 울리지 마시오

쇠사슬에 묶여있는 당목撞木 하나
당좌撞座가 지척인데
마주 서서 애간장만 녹이네

비천飛天의 여인은 날개를 잃고
돋을새김 연화蓮花는 향기도 없이
그대 가슴에 닿을 수 없는 거기에
어스름 그림자로만 떠도네

시간도 지혜도 세어보지 마라
사랑도 그리움도 헤아리지 마라

종이 울리는 순간
너의 억장도 무너지리라
억겁의 기다림도 일순간 탄식이 되리니

무량사 도량엔 종소리 없었네
울어야 할 때 울지도 못하는
목석같은 동종만 우두커니, 우두커니

별에서 산다

발아래가 아득한 허공 아파트
하계를 떠났으니 무주고혼 중음계인가
밤낮 없는 아찔함에 허공을 헤맨다

한여름 밤이던가, 창밖 가까이에서
수많은 별들이 반짝거리고 있었다
방금 전에 만들어진 따끈따끈한 별 속엔
창문마다 새나오는 천진한 웃음소리
별 같은 아이들이 뛰어노는 초신성이었다

동쪽 하늘가엔 날개를 편 백조와 독수리가 내려앉아
헤라클라스에게 손짓을 하고
활을 든 사내는 발톱을 세우며 꼬리를 바짝 치켜든
전갈을 찾아 먼 길을 나설 때
어렴풋한 거문고 소리도 들려왔다

사방을 둘러봐도 보이는 건 점점이 별무리
아련한 눈길로 멀리서 바라보던 그 별세계가
저물녘이면 지상으로 내려와
허공에 갇힌 나의 안부를 묻곤 했다

2부

반가사유상

불빛이 하나 둘씩 꺼져가는 시장 통 어스름녘에
국밥집 여자는 하루 장사 끝내고 평상에 앉았다
수북하게 쌓였던 고기와 철철 끓어 넘치던 솥단지
말끔하게 비웠으니 더 이상 비울 게 없다는
말개진 눈빛으로 하늘 한번 쳐다보고
뻐근한 손목을 돌리다가 스르륵, 졸음에 빠져든다
십 년이 넘도록 취업준비 중인 세 아들의 육중한 무게가
시시때때 짓눌리는지 회전근개 파열이 온 지도 여러 해
쉬는 게 약이라지만 처방전처럼 쉽지 않은 사람살이
오랜만에 순대국 완판한 오늘 장사, 호박넝쿨 손에 잡은 듯
속마음 웃음이 실실 밖으로 삐어져 나와 흡족한 얼굴빛이다
오늘만 하여라 오늘만 하여라, 염불소리 들리진 않지만
오른손은 턱에 괴고 한쪽 다리 반가부좌 틀어
반쯤 내리감은 눈꺼풀은 희노애락 다 지우고
고졸하게 머금은 미소만이 둥실, 머리 위로 띄워 놓았다

오늘의 메뉴

며칠째 쓰다만 시
또다시 들여다 보네
몇 줄의 낙서는 우현으로 기울어
삐딱선이 눈초리로 나를 흘겨보네

어서 발을 떼라고
깜빡이는 신호는 참을 수 없다는 듯
죽비만큼 늘어나
당장에라도 어깻죽지 내려칠 듯

아무리 수풀 속을 헤집어도
몸체는 뵈지 않고
꼬리마저 아른대다 오리무중
대낮에도 깜깜절벽 따로 없네

서성거림 한나절, 암담함 두어 시간
한숨과 탄식의 오묘한 블랜딩
그 위에 미량의 희망을 고명으로 얹어
무망의 빈 하루, 씁쓸하게 넘겨보네

붕괴

그 집 뒤란에는 도살장으로 쓰다가 폐문한 집 한 채 있었다
뼈마디 꺾이고 피 흘리며 죽어간 짐승들의 원혼이 득실거려
대낮에도 음산한 기운이 뻗치는 집
텃세가 세어서 들어가면 동티가 나 사람이 죽어 나자빠진다는
당골네 말을 귓등으로 흘려듣고도
요즘 세상 그깟 것 누가 믿느냐, 깔깔 코웃음 치며 들어간 집
바람 불지 않아도 저절로 열리고 닫히는 문
돌로 쌓은 담장에선 뜬금없이 내미는 뱀대가리가
어느 날엔 무리지어 마당까지 내려와 똬리를 틀고 앉아
해 바라기 하다 배밀이 무늬 선명해지는 집
달빛이 숨은 그믐밤이면 버림받은 고양이들
떼지어 다니면서 앙칼진 간난쟁이 울음으로 비명지르는 집
그러다가 그러하다가
그 집 사람들 동서남북 바람으로 흩어져 한 시도 바람 잘 날 없이
맞바람 되어 돌아온 날에는 칼부림과 날벼락이 엎치락뒤치락
밤마다 악몽에 지친 이웃들이 벌겋게 녹슨 대문을 향해
밤이고 낮이고 돌멩이를 던져대던 집

훗날, 그 집을 지나가다 돌아보니
지붕 위엔 잡초가 우거지고 기둥은 한쪽으로 이울어

반쯤 헤벌어진 벽 틈마다 불쑥불쑥 거뭇한 그림자
머리카락 산발한 채 비뚤어진 웃음 흘리며 미쳐가는 집
뜨락엔 기화요초만 헤실헤실 웃자라있었다

잉어

대웅전으로 향하는 극락교 아래
인기척에 몰려드는 잉어 떼
물 밖으로 내민 입술, 동심원이 지천이다

햇빛에 잔뜩 그을린 취객 하나
지나가다 말고 내려다보며
기가 막히다는 듯 혀를 찬다

일 해서 먹고 살아야지
입만 빠끔거리면 다야?
땀 흘려 일할 생각은 없고
입만 나불거리며 사는 것들이란
요즘엔 잉어 인간도 많지

어떻게 알았을까
헛된 말을 지껄이며 밥벌이 해 온 입
앞으로 나온 입술 얼른 들이밀고
잉어가 아닌 척
아니, 잉여가 아닌 척
서둘러 다리를 건넌다

국밥을 먹다가

진하게 우러난 사골 국물에
밥 한 공기 뚝딱 말아
안성맞춤 잘 익은 깍두기 올려
목울대가 불룩하게 삼켜나 볼까

입가에 묻은 자국 쓰윽 문지르고 나면
아무도 눈치 채지 못할
눈이 먼 달짝지근 유혹에
상투 꼭대기만 만지작거리다
일순간 나락으로 곤두박질
덤으로 안겨온 먹장구름 한 아름

말아먹은 게 너무 많아
다시는 말아먹지 말아야지
국물 없는 메마른 밥상에서
찬물에도 말아먹지 말아야지
나지막이 어금니 사려물었다

턱

아래를 내려다 볼 틈도 없이
목적지만 생각하다
엉겁결에 턱을 넘어선다

달려오는 속도를 이기지 못해
넘어가는 순간
덜컥, 가슴이 서늘해진다

전방에 있는 과속방지턱
야트막한 턱 하나 넘었을 뿐인데
사람살이에 가슴 쓸어낼 일이
어디 한두 번이랴

가끔은 눈을 내리뜨고
울퉁불퉁한 바닥의 높낮이
순한 마음으로 헤아릴 일이다

그냥 넘어갈 턱이 있겠는가

씀바귀

씀바귀 김치 담가왔다
두엇 날 우려내니 먹을 만하더라

유난히도 쓴맛을 좋아하는 식성
여태껏 모르시는 어머니

핵심이 빠져나가 맹물 같은
씀바귀 몇 오라기 씹다가

쓴소리만 차곡차곡 쌓아놓은 응어리
여드레쯤 우려내야겠다

좁은 문

구슬들이 말을 건다
구슬이 서 말이라도 꿰어야 보배라고

구멍은 한사코 비좁음을 내세운다
한 방에 뚫리는 허술함은 가당키나 하냐고

매듭실의 심지를 빼내고
그것도 모자라면 겉자락 몇 올마저 잘라내야
간신히 통과하는 길이 생긴다

보배를 얻는 길은 아득하고 협착하여
골이 비고 뼈대 없이
소갈머리 배알머리 다 빼주고
홀가분해진 다음에야 걸쳐지는 한 줄 목걸이

할미꽃

올 봄엔 두서없이 꽃이 핀다고
나들이 길에 두런거리고 있을 때
차창 밖으로 무연히 쳐다보다
혼잣말 중얼거리는 어머니

저렇게 많은 꽃
한꺼번에 피어서 좋긴 하다만
함께 바라볼 사람 없어야.

먼저 간 사람 생각하다
익숙한 듯 또 다른 봄
가늘어진 눈길 붉게 물들이다
고개 숙이면, 여기도 할미꽃

조나단 1

일렁이는 물살 속에
싱싱 유영하는 생새우의 팔딱거림
잊은 지 오래다

사람들 손에 들려진 새우깡에
이끌리는 나침반이 생의 방향이다

달이 이울고 차오르는 어둑한 하늘
눈길이 머문 때가 언제였나
들고 나는 물때를 놓친 섬망의 시간

유람선 운항시간에 맞춰 작동하는 날갯짓
비대해진 부리로 한입이면 사그라질
부스러기 먹이에 눈이 멀었다

운항선 꽁무니에 일어나는 물거품 따라
기꺼이 추락을 용서하는 나의 조나단

가장 낮게 나는 새가
가장 많은 먹이를 먹는다

조나단 2

선착장 그늘 아래
서성대는 갈매기 떼

아낙들이 버려둔 바다의 부산물
먼 바다 잡어들의 말랑한 속살
한 움큼씩 입에 물고
허겁지겁 허기를 달랜다

애초에 내 몫은
바닥에 떨어진 콩고물인 양

더러는 씹히지도 않는 지느러미
물었다 놓았다 무한 반복하며
부패가 시작되는 하루를 쪼아댄다

날개 접은 시든 꿈이
줄어드는 그늘 아래 백일몽을 꾼다

전갈이 있던 자리

산 채로 몸이 뚫려본 적이 있는가

왕푸징 골목 안
심장 꿰인 전갈들 몸부림친다

기름지옥 곁에 두고
다가온 사람 손짓 하나로
운명이 결정되는 살생부

죽음 앞에서인가
삶 앞에서인가
극렬한 떨림들

가슴마다 맺힌 피멍울
꼬리를 치켜들고 독기를 품어 봐도
허공으로 흩어질 연기 한 줌

이미 뜨거움을 알아버린 자리
살아도 산 것 같지 않은
그런 날이 지나간다

폐가에서

떨어져 나간 것이 사람뿐이겠는가
비어있는 집 마당에는
기둥을 박차고 나온 대문이며
농짝 문짝들이 널브러져 있다
어지럽게 뒤엉킨 잡초와 쓰레기 더미
대낮에도 활개 치며 다니는 길고양이들

이곳에 머물렀던 이들은
언제부터 생의 기미를 지우고 있었을까
주인 잃은 꽃밭은 계절마저 뒤숭숭해
슬그머니 꽃봉오리 내밀다
이게 아니란 듯
인기척의 눈맞춤도 없이
저 홀로 시들어 적멸에 든다

빈집에선 들고나는 멧새마저
제 발자국 지우며 날아간다

곶자왈에 들다

곶자왈 숲속 길을 따라 걸을 때
이끼 낀 바닥엔 주인이 빠져나간 신발 한 쪽
아무도 몰래 소나기라도 다녀갔는지
걸어왔던 발자국 말끔히 지워내고
물에 젖은 풍경으로 고요히 누워 있다

바람에 흔들리는 그늘이 음각되는 한나절
붓순나무 이파리 침묵을 깨뜨리며
물웅덩이 속으로 가만히 내려앉아
발끝에 채이기만 했던 길
웅크리고 있던 시간을 들여다보고 있다

세상의 상처는 여기에 와서
그렁그렁한 눈물로 순해진다

108번 버스

이따금씩 기다리는 버스는
먼저 가버리거나 너무 늦게 당도한다

어쩔 수 없이 오르게 되는 노선
한 사람도 타지 않는 정류장이거나
망초대만 무성한 변두리를 에둘러간다

시간은 한정 없이 뒤로 밀려나
시차 때문에 일어나는 초조한 생각들
제때 맞춰 탑승하지 못했던
지난 날 수많은 버스들이 떠오를 때

생의 버스는 올라타는 순간부터
정시에 출발하고 도착하는 게 아니라
어긋나는 묘미에 있지 않을까, 하는
자각에도 불구하고

오작동한 오늘 하루
불시착한 108번 버스 속에서
번뇌의 불에 갇혀버린다

아아, 직방으로 가고 싶다

3부

설빔

설날 아침에도 눈은 그치지 않았다
차례를 지내야 할 텐데
아버지의 자리는 텅 비어 있었다

진부령 어디쯤에서
오도가도 못한다는 전보 한 통
허허롭게 냉기가 맴도는 차례상 앞에
눈에 묶인 길을 풀어달라고
설빔을 기다리는 마음이 애가 탔다

해가 중천에 닿았을 무렵
앞뒤로 등짐을 짊어진 수척해진 얼굴이
동냥 나온 거지와 다름없는
아버지의 누더기가 낯설기만 했다

길이란 길은 모두 끊어져
가도가도 천지사방 눈 바다
몰아치는 눈보라에 온몸을 할퀴며
사흘 밤낮 꿈에서조차 눈길을 헤맸으리라

>

품속에서 꺼내놓던 우리들의 꼬까옷
방방마다 알록달록 웃음보를 터트리며 내달을 때

잔잔한 웃음기 떠올리며
기다리는 눈망울이 길잡이가 되어
그 길을 따라 와 무사했다고

세찬 눈보라가 밀려오는 날이면
텁수룩한 수염과 속눈썹 위에
눈송이를 매달고 다가오는 그 얼굴
기억 속 갈피마다 찍혀있는 지문이다

손톱

언제부터
가물어가는 몸속에
손톱 하나 자라더니
걷잡을 수 없이 길어졌다
아무데나 들이대며
무엇이든 움켜쥐고 할퀴었다
정곡을 찔러대는 쾌감에
미쳐가는 뾰족함
기어이 흠집을 보고서야 마는
밖으로 휘었던 그 손톱
어느 순간 돌아앉아
제 살을 후벼 파기 시작한다
애초부터 손톱이 겨냥한 것은
몸의 주인이었다

세월

외할머니 쇠잔한 등 쓰다듬다 말고
이웃들의 딱한 사정 듣다 말고
연속극에 억울한 일 당한 사람 보다 말고
자주 눈가가 젖어있는 어머니

사람살이 고단할 때
바닥까지 내려가 남몰래 파놓았던
고여있는 그 샘물은
어느 틈에 나에게로 흘러왔나

하루에도 몇 번은
트인 물꼬 막으려 해도
막무가내 무너지는 둑
눈시울 붉어질 때가 잦아진다

에곤 쉴레 읽는 밤

휑하니 꺼진 몸피 사이로
강파르게 치솟은 치골
잘 마른 장작 불땀처럼 뜨겁다
알몸으로 내지르는 직격탄
환멸을 불사르기 위해
형형한 눈빛 심지, 불꽃이 푸르다

스페인 독감보다 더 독한 열기
달궈진 캔버스에 인화된
잘 구워진 자화상
자연 발화한 불길만이 혀를 내민다

위선으로 장식한 예술의 표피는
가벼운 종잇장처럼 구겨지고
내피만이 선명해져
영혼의 중심으로 밀착해간 남자여

송두리째 빼앗긴 잠
눈 감아도 열감에 화닥거려
심층으로 가라앉지 못하는
그 남자, 자꾸만 발기하는 밤이다

어머니 씨앗

손등에 핀 저승꽃
빛깔이 짙어졌다

그늘 깊어진 눈길
그 언저리에 맴돌면

꽃이 피면 시들고
씨앗 생기는 게 아니냐
내 몸 씨앗도
단단히 영글고 있어야,
허여멀게 가지곤 안 돼야.
암팡지게 까매야지

그 씨앗 움트게 하려고
벌써부터 물길 예비하는가

시큰해지는 콧잔등
대책 없다

불면도不眠島

서해 풍랑 피해서
세곡선이 잠들었던 섬에는
뱃사공들 땀내 대신
백만 송이 백합꽃이 수런거리네

바람 따라 출렁이는 꽃향기
코끝에 맴도는 농염한 자태
밤이 깊어도 돌아설 줄 모르네

단 한 번도 환하게 핀 적 없이
남의 꽃만 탐한 죄
가슴에 두 손 얹고
고해성사 해보는 밤

오래 전에 버려둔 마음 밭엔
어지럽게 찍혀 있는 휑한 발자국들
피려다 만 것 같은 꽃봉오리
이제서야, 가만가만 만져보네

여름 손님

연이은 무더위에 문단속 느슨해졌는지
문간방으로 들어온 두꺼비 한 마리
날이 밝도록 이명을 울리며
두툼한 목소리로 존재를 드러낸다

삼복의 열기 견딜 수 없었는지
독거하던 집에 동의도 없이
엉거주춤, 엉덩이부터 들이밀고
무단거주 떼를 쓰고 있다

빨대 없이 앵앵거리는 모기나
해종일 울어대는 매미
밤새도록 쳇바퀴를 돌려대는 재봉틀이
세들어 산다는 소문은 들었지만

생애 처음 대면하는 나의 세입자
등 떠민다고 나갈 것 같지 않은
수컷의 은근짜 저주파 목소리
팔베개 삼아 여름밤을 건너가 볼까

금이 가다

돌멩이가 날아들어
실금이 번져가 전방 유리창

깨어진 것이 차창뿐이겠는가
세상살이, 사람관계 통장잔고
그러고도 오랜 꿈

장독대에 철사줄로 동여맨 항아리도
가슴팍이 시뻘겋게 녹 슬 때까지
자기 생을 끌어안고 놓지 않았다

금이 간 그것은
덧없이 무너지지 않으려
안간힘 쓰다가 불거지는 실핏줄

혼밥

두어 개 놓인 그릇 사이
찬바람 휘돌고
숟가락 젓가락도 외롭다
앉아있는 자리마저
온기가 빠져나간 아랫목이다

목에 걸릴까
세상의 잔가시 곱게 발라
밥 위에 얹어주시던 손길
어리광부리며 맘껏 떼쓰던 밥투정도
까마득한 전설이 되었다

뚝배기 속으로 드나들던 도란도란
뿔뿔이 흩어진 빈자리에 앉아
혼자가 혼자에게 건네보는 말들이
침묵으로 쌓이는 적막한 식탁

마른 밥 몇 술 구겨 넣지만
억센 가시 목에 박힌 듯

>

체온 없는 밥 한 사발 앞에 두고
채기 얹힌 가슴을 치다보면
둥근 밥상, 눈에 밟힌다

소나기

아무런
전희도 없이
뼈마디
꺾이는 줄 모르고
헐떡이며
성급하게
방사하는 쌘비구름
결코
뒤돌아보는 법 없는
무정한 뒤태

태몽

울울창창 숲속에서 곰에게 쫓기던 몸
겁에 질린 걸음은 아무리 뛰어도 제자리였네

뒤에서 와락, 휘감은 곰의 팔뚝 온통 털투성이
시꺼먼 힘에 갇혀 버둥거리다 깨어난 꿈

아이 낳고 보니
손바닥 스치는 대로 검은 털 물결 지네

이제 다 자란 그 아이 다보록한 털에 휩싸여
반바지도 못 입는다, 하루에도 몇 번씩 투덜투덜

"엄마, 그때 곰에게서 달아나지 왜 붙잡혔어요"

"달아났으면, 너도 없겠지"

여름 한낮 족집게에 뽑혀 나온 몇 가닥의 기억
올올이 묻어나는 아얏아얏, 비명소리

아이의 눈가에 맺힌 조그만 눈물방울 따라
뜨끔뜨금, 가슴이 더워지네

공중부양

한여름 불볕 속에
가파른 차도를 올라가는 손수레
담을 수 있는 건 빈 상자뿐

짐덩이에 짓눌린 노부부 발걸음
한없이 더디게 이어지는데
차츰 뒤편으로 내려오는 무게중심
그만 앞쪽이 올라가는 바람에
허공으로 치솟은 노인의 팔다리

아무리 발버둥을 쳐봐도
잡을 수 있는 건
숨 막히게 조여오는 삶의 허기

차량들의 다급한 경적소리
당혹한 가슴은 아래로만 쏠리고
공중에 붕- 떠있는 메마른 실뿌리
오랫동안 가물어 모질게도 가늘다

시선

꽃샘추위 속에서

햇볕 속을 걸어온 사람은
시린 바람을 바라보지만

바람 속을 헤쳐 나온 사람은
따뜻해진 봄 햇살에 먼저 눈이 간다

소월의 꽃

발아래가 절벽이다
몸을 세운 자리가
하필이면 이곳이란 말인가

풀 한 포기 자라지 않는 반석에
칼날 같은 틈새를 비집고 들어가
목숨은 늘 고소공포다

강물은 언제나 멀리 있다
굳은살이 박히지 않으면
뛰어내릴 수밖에

봄날이 온다 해도
비조차 비껴가는 아득한 갈증
소월이 토해낸 핏빛 진달래
벼랑을 뜨겁게 끌어안고 서 있다

무화과

무채색으로 치장한 그녀는 꽃이 아니다
철이 바뀌어도 갈아입지 않는 옷
갈매빛 맨얼굴 수수한 미소로 단장하고
언제나 사람들 숲속에서 배경으로 서있다
겉엣말 속엣말 한결같은 목소리
꾸밈말 곁에 있으면 괜한 몸이 가려워진다

그녀를 거세된 꽃이라 부르지 말자
열매를 달기 위해
벌을 부르지 않았다 나비에게 손짓하지도 않았다
안으로 안으로만 파고드는 속엣꽃
황무지 같은 사람을 만나면
잘 여문 씨앗이나 겨울을 넘긴 알뿌리 말없이 안겨주고
꽃이 피기까지 지켜봐 주라고
순한 눈매 더 순하게 내린다

그녀의 맞잡은 흙투성이 두 손은
모든 살아있는 것들에게 고개 숙인다
멀리 서있어도 먼저 알아채는 그녀의 기척
은은하게 풍겨오는 그녀는, 끝내 달다

4부

이상한 나이

오늘도 이만큼의 간극
소파의 양 끝에 걸터앉아
유영해 들어가는 휴대전화 속

어정쩡한 침묵이 껄끄러워
배경으로 깔아놓은 텔레비전 소음
수많은 말들이 길을 잃고 헤맨다

간간이 물 밖으로 고개를 내밀고
화면을 재연하는 일인극
혼자서 웃다가 울다가
흠칫 놀라 어이없어 하다가

말할 수 있는 것은 생략부호
말할 수 없는 것은 느낌부호
부호들만 활개 치는 고요한 밤

가까운 그대는 멀어지고
먼 그대들만 하염없이 호명하다
잠 속으로 밀려가는 나른한 나이

풋사랑

설익은 여름날
우연히 들어선 과수원
풋사과 탐스러웠다

붉어지려면
햇살과 바람
더 여물어야 할 텐데

겁 없이 한 입 베어 문
그 속엔 풋기만 가득차서
자리러질 듯 몸서리

시고도 떫은 맛
먼 날에도
차마 뱉어내지 못하는
침이, 고인다

돌탑

마라도 둘레길 외진 성당
성모 마리아 발치에다 쌓아놓은 돌무더기
금방이라도 무너질 듯 위태롭다

귀 기울여보면
그 속엔 한없이 처진 어깨로
울먹거리는 가슴이 있다

모든 걸 집어 삼키듯 불어왔던 태풍이거나
눈을 뜰 수 없게 후려치는 눈보라거나
고막을 찢어댈 듯 울부짖는 성난 파도에
휘청거릴 수밖에 없던 고해의 바다

저 돌탑 아래에는
가진 거라곤 간절한 간절함
눈물겨운 곡절이 있다
굳어버린 무릎이 있다

무창포 바닷길

올해도
무창포에서 석대도까지
바닷길이 열렸다
밀물 땐 보이지 않던 그 길이
썰물이 질 때
먼 길을 달려온 사람들
유통기간이 짧은 시간으로 들어가
노다지를 줍는다
물살이 비껴간 자리마다
미처 밀려나가지 못한
발걸음 더딘 것들
끝내는 덜미를 잡히고야 만다
제 집에 갇혀 물때를 놓쳐버린 것이
소라나 낙지, 뿔고동 뿐이겠는가
뻘 밖으로 불쑥불쑥 고개를 내민
어스름한 지난 사랑을 낚아 채
검은 봉지에 밀봉을 해 봐도
생생하게 전해지는 꿈틀거림
만조의 사리 때가 다가오면
가슴이 먼저 썰물 진다

물의 안내자

우기가 오자 웅덩이 패인 곳마다
진한 흙탕물이다
건너가야 할 텐데
바닥의 깊이를 알 수가 없다

뿌옇게 시야가 흐려진 물웅덩이
한 치 앞이 막막하여 머뭇거릴 때
저 멀리서 한 소년이 달려와
겁도 없이 흙탕물 속으로 뛰어든다

물속으로 사라지는 그의 몸
발목이 종아리가 허벅지가
허리가 가슴이 어깨가
깊이를 가늠하는 눈금이다

깊이를 알 수 없는 세상의 웅덩이
빠지고 나서야 내 키를 넘어섰을 때
문득문득 떠오르는 물의 안내자
건너갈 수 있다는 수신호
앞길의 푸른 신호등 한번 받고 싶다

한식

사라졌지만 온전히 사라지지 않은
한 생애가 고요하게 스며오는 동안
봄 햇살 속으로 날아온 흰 나비
행여나 그리는 마음 헤아려
나비의 몸을 빌려 다니러 온 것일까

향 사르고 먹먹해진 잔을 들어
봉분 위로 부을 때
나비는 가까이 다가와
시리도록 투명한 날개를 펼친다

아가야

살아생전 부르던 내 이름
귓가에 맴도는 여운
아직도 쟁쟁하게 밟히는 말
날 세웠다가도 금방 순해지는
그 말이 환청으로 들려온다

진달래 핀 산등성이 너머로

아슴프레 날갯짓을 지워가는 저 파문
봄날의 꿈이었나

붉은 신호등

푸른 신호가 붉은 신호로 바뀌는 순간
재빠르게 내달리는 운전자에게
불빛을 못 봤느냐
불뚱거리자
능청스레 돌아온 대답
난, 또,
위험하니까
빨리 가라는 줄 알았지

조등 아래서

말 없는 자여
이제야 침묵의 방에 이르러 무거운 짐을 부려 놓는다
십이월 희디흰 눈발을 지붕 위에 흩뿌리며
사월의 연두빛과 팔월의 짙푸른 숲을 지나
시월의 단풍마저 거둬들인다
지상에 펼쳐진 은백색 직물위엔
소중했던 것들과 사소했던 것들의 경계가 허물어져
무형의 그림자만 아른거린다
입동에 무거워진 밤하늘
하염없이 내리는 눈 속에
그대는 모든 것의 이름을 지우고 있다
그대가 왔던 곳을 향해 말굽을 울리리라
만지면 가뭇, 사라질 눈 속으로
멀어지는 영토가 기억하는 것들을 봉인하리라
여기, 함께 떠나지 못한 자
아득한 하늘 아래서
한 옥타브 낮아진 염소 울음이 되어
길 떠나는 그대 등 뒤에서 불을 밝힌다

곰배령

강선마을 지나면 쇠나드리 억새밭
고개 하나 올라서니 곰배령이다

홀아비바람 마타리 동자꽃
금강초롱 그늘돌쩌귀 노루오줌 둥근이풀
아랫녘 꽃소식에 벌써 애 달았나

안개 속 밀실에서
들려오는 나지막한 신음소리
밀어들이 쌓이는 고즈넉한 산등성이
괜한 설렘에 얼굴이 붉어진다

바람만이 드나드는 비밀스런 나들목
세상 밖에 물러나 닿을 수 없는
꿈결 속, 천상의 화원 하나
아무도 몰래 지상에 옮겨다 심었다

될마라 고개

카알라스 가는 길목
가쁜 숨소리만 가득한 고갯마루에
얼굴빛이 하얀 이방인이 말을 건다
길을 잃었어, 어디로 가야 할까
대답을 할 수 없다
오르는 길인지, 내려가는 길인지
처음 와 본 길이었으니
그가 걸어온 방향을 본 적 없으니
거친 숨만 다독일 수밖에
길을 잃는다는 건
몸살만큼이나 자주 있는 일
길 안에 있거나 길 밖에 있거나
살아있는 동안엔
어쨌든 걸음을 멈출 수 없는 일
발끝이 향하는 곳이 길이다
가슴이 바라보는 방향이 길이다.

먼 거리

몇 년 만에 찍어본 증명사진
내가 아니다
생면부지 얼굴이 배달되었다

유곽선이 무너지면서
흐릿한 시선으로 거울 속을 들여다본
나의 자리가 낯설다

몸이 뒤처진 탓일까
마음이 앞서 나간 탓일까
속도에 어긋난 불협화음

몸이 먼저 당도한 미래
시차가 생긴 줄 모르고
숨바꼭질에 빠져있는 동심
닿아야 할 거리, 너무 멀다

멍

모서리 진 말 한마디
뼛속에 박힌 멍
시시때때
현란한 색채로 떠돌다
뼈에 사무쳐
멍하니 주저앉아
자꾸만 훑아본다

고양이 설법

한밤중
발정 난 고양이
허공을 긋는
외마디 한 획
슴벅, 잠을 베어낸다

등을 부풀리고
발톱을 세워라
이빨을 드러내고
새벽을 포효하라

곧추 선
뼈들의 합성
멈칫거리는 등을
세상으로 떠민다

저녁의 문

노을 지는 수평선으로
허공 속에 떠오른 거대한 흐름
흰뺨검둥오리 떼 지어 날아오른다

조물주의 붓질인가
추상의 무늬결을 직조하는 캔버스다
변화무쌍 점묘화다
순간의 멈춤도 허용하지 않는 태풍의 눈이다

몰아치는 거센 바람결에
눈 한번 깜박이는 사이, 빈 하늘만 남았다
지상에는 새들이 품은 세상 더 이상 없다
모든 움직임과 소리가 지워진 괴괴한 하늘

하루의 문을 닫는 저녁의 막막함
등을 보이며 떠나는 숨막히는 고요다

눈물은 왜 뜨거운가

언젠가
열병에 시달리며
나날이 피골이 상접해 갔다
하루에도 몇 번은 가뭇가뭇, 의식을 놓쳤다
이대로 죽어도 좋을, 세상에 미련 따윈 없었다

어스름 저녁이면
희미해진 병실에서 아픈 나보다
더 아프게 숨죽여 우는 이의 흐느낌
얼굴 위로 떨어진 눈물이 언제나 뜨거웠다

다 필요 없다
살아만 나거라

가파른 구비마다
나를 돌이켜 세웠던 계명

용서하지 못할 만큼 잘못을 하고
용서하지 못할 만큼 한 맺힌 말을 해도
미움을 허물게 만들었던

그 저녁 수많았던 눈물에 이끌려
예까지 뜨겁게 걸어왔다.

여름 코스모스

여름 한가운데
무성한 잡초 사이로
가을을 뿌리내린 코스모스

제 철을 잃고서도
더 이상 흔들리지 않겠다고
꽃잎에 햇덩이 감싸 안고
뜨거운 바람을 건너가고 있다

백 번의 여름이 와도
잠시 다녀가는 것이 아니라
언제나 그곳에 남아있겠노라
달궈진 자갈밭 단단히 움켜쥐고

한 계절
통째로 꿀떡꿀떡 삼키고 있다,

해설

서정의 길에서 만난 자아의 결핍과 그 완성을 위한 도정

송기한 문학평론가 · 대전대 교수

서정의 길에서 만난 자아의 결핍과 그 완성을 위한 도정

송기한 문학평론가 · 대전대 교수

서사의 길에서 서정의 길로

이번에 상재하는 『그녀였던 나』는 임경숙의 첫 번째 시집이다. 시인의 약력을 간단히 살펴보니 시인은 처음부터 서정시를 쓴 것은 아니었다. 산문의 세계에 칩거하다 서정의 세계를 발견하고, 시집을 내게 되었다고 한다. 어떤 동기에서 외도 아닌 외도를 한 것일까.

시와 산문은 동일한 문학양식임에도 불구하고 그 지향하는 세계는 판이하게 다르다. 자아의 황홀 상태에서 쓰이는 서정 양식보다 산문은 보다 더 인과론의 세계에 경도되어 있기 때문이다. 그러다보니 산문은 자아와 같은 작은 영역, 곧 서정의 영역보다는 좀 더 큰 분야에 관심을 두게 마련이다.

이런 차이들은 세계관의 차이에서 오는 것일 수도 있고, 그 양식이 지향하는 그릇의 차이에서 오는 것일 수도 있다. 그렇다고 이 두 가지 양식이 전연 양립 불가능한 것도 아니다. 어쩌면 각각의 양식적 한계가 갖고 있는 것을 벌충하면서 작가의 세계관을 드러낼 수 있다면, 그것이야말로 보다 충실한 문학적 과업을 완성하는 일이 아닐까 한다.

그러나 글쓰기를 하는 모든 문인들이 여러 종류의 문학에 관심을 두고 있는 것은 아니다. 거기에는 이를 수행해야만 하는 어떤 필연적인 계기랄까 동기가 있어야 할 것이다. 임경숙 시인의 경우도 예외가 아닐진데, 어떤 시도동기가 있어 시인으로 하여금 서정의 문을 열게 한 것일까. 실상 이 질문에 대한 응답이야말로 이번 시집의 주제와 밀접한 관련이 있는 것인데, 나는 그것을 자아의 문제에서 찾고자 한다. 이 영역은 서정시의 영원한 주제이기에 여기에 천착하는 일이야말로 인생의 크나큰 관심거리라 해도 과언이 아니다. 따라서 시인의 그러한 고민들이 서정의 문을 열게 한 근본 요인이었던 것은 아닐까 한다. 시집을 일별하고 나면 이와 관련된 소재와 주제들이 산견되는 원인도 이 때문이다. 자아에게로 향하는 미세한 응시를 산문의 영역들은 결코 감당할 수가 없었을 것이다. 사회라는 거대한 광장 속에서 아름다운 보석을 찾고자 했던 시인은 이제 자신에게로 돌아와 그 속에 내재된 무엇을 찾아내고자 한 것은 아닐까. 그러한 의미화 작업이 자아를 다각도로 비춰보게 되고, 이러한 과정에서 만난 것이 바로 서정의 영역이었을 것이다. 그렇기에 시인의 작품 세계에서 이 정서와 관련된 시들이 주조를 이루는 것은 지극히 당연한 일이라 하겠다.

내던져진, 기투된 자아의 감옥

산문의 영역과 시의 영역을 가르는 기준은 다대하게 많지만, 그 가운데 하나는 아마도 관계의 미학에서 찾을 수 있지 않을까 한다. 관계란 자아를 둘러싼 제반 영역이고, 그 영역은 인간들의 틀과 거기서 비롯되는 사건들이 그물망의 세계로 짜여 있는 세계이다. 반면 그 반대의 경우는 자아 이외의 모든 것을 배제하는, 자기고립의 세계와 가까운 것이다. 물론 이 두 세계가 뚜렷하게 구분되어 있는 것이라고는 할 수 없으며, 어느 정도 혼재된 상태로 남아있는 것도 가능할 것이다.

이렇듯 시인은 산문의 세계로부터 벗어나 비관계의 세계, 곧 고립된 자아의 세계를 발견하고, 그 궁극에 대해서 사유하고 고민하면서 서정의 입구에 도달했다. 그 사색의 묶음이 『그녀였던 나』이거니와 시인의 일차적인 관심이 내던져진 세계, 곧 기투된 세계에 대한 탐색에서 시작되는 것은 지극히 당연한 과정일 것이다.

> 이따금씩 기다리는 버스는
> 먼저 가버리거나 너무 늦게 당도한다
>
> 어쩔 수 없이 오르게 되는 노선
> 한 사람도 타지 않는 정류장이거나
> 망초대만 무성한 변두리를 에둘러간다

시간은 한정 없이 뒤로 밀려나
시차 때문에 일어나는 초조한 생각들
제때 맞춰 탑승하지 못했던
지난 날 수많은 버스들이 떠오를 때

생의 버스는 올라타는 순간부터
정시에 출발하고 도착하는 게 아니라
어긋나는 묘미에 있지 않느냐는
자각에도 불구하고

오작동한 오늘 하루
불시착한 108번 버스 속에서
번뇌의 불에 갇혀버린다

아아, 직방으로 가고 싶다

—「108번 버스」 전문

자아를 발견하고, 그것의 본질에 육박하고자 하는 시인의 고뇌는 시인이 쉽게 만날 수 있는 일상에서 발견되고 시작된다. 그것이 이 시인만이 가지고 있는 특색인데, 나는 그 시도동기를 일단 산문의 세계에서 찾고 싶다. 이 세계는 다른 어떤 경우보다 일상의 현실과 밀접한 관련을 맺고 있기에 그러하다. 그러한 관심의 흔적이 시인으로 하여금 인용시의 경우처럼 일상의 현실에 주목하게 한 것은 아닐까. 시가 관념의 영역으로부터 자유롭지 않은 장르적 특징을 갖고 있는데, 이 시인의 작품들이 그러한 관념성으로부터 거리를 두고 있는 것은 여기에 그 원인이 있을 것이다.

위 시에서 버스를 둘러싸고 펼쳐지는 일상의 세계는 시인이 살아가야 하는 인생에 비유되어 있다. 다시 말해 세상에 내던져진 자아는 어떤 정해진 경로를 가야만 하는 버스의 운명과 동일한 처지에 놓여 있는 것이다. 그러나 운명이란 숙명처럼 정해져 있는 것 같으면서도 그렇지 않은 것이 현실이기도 하다. 버스의 출발과 도착이 일정하지 않은 것처럼 인생 또한 그렇지 못하기 때문이다. 만약 인간의 운명이 이미 주어진 것이라면, 역설적이게도 어떤 고뇌의 장으로부터 탈출하는 것도 가능할 것이다. 그럴 경우 시인이 판단하는 번뇌로부터 벗어나는 것도 가능하다고 보는 것이다. 그러나 현실은 그렇지가 않다. 불시착한 버스가 그러한 것처럼 인간 또한 그와 동일한 운명을 갖고 있다. 그런 면에서 버스와 자아는 동일한 운명공동체일지도 모른다. 세계 속에 내던져지는 순간, 인간은 곧바로 "번뇌의 불에 갇혀버리는 존재"라는 것, 그것이 시인이 생각하는 인간의 운명이자 자신의 운명이라고 판단하고 있는 듯하다.

산문이 지배하는 인과론의 세계에서는 결코 탐색하기 쉽지 않았던 자아의 문제를 이렇게 피투된 존재로 인식하는 것은 매우 적절한 것이라 할 수 있다. 이 문제는 모든 인간에게 동일한 함량으로 다가오는 보편적인 주제이기에 더욱 그러하다. 서정의 문을 두드리는 시인의 열정은 존재의 한계성 혹은 피투성이라는 인식 속에서 만들어진 것이다.

존재의 불안과 생존에 대한 고뇌의 흐느낌이 언제부터 시작되었는가 하고 묻는 것은 우문일 뿐이다. 그것은 심리적이고 사회적인 것이기도 하고 종교와 같은 선험적인 영역에서도 얼마든지 간취할 수 있는 것이기 때문이다. 따라서 어떤 기준점이나 시작점을 말하는 것은 무의미한 일이다. 대개의 경우 그것은 영원의 상실과 밀접한 관련이 있는 것으로 이해되어 왔다. 근대 이후 영원은 인간으로부터 작별을 고했고, 인간은 그것에 대해 끊임없는 짝사랑으로 그 빈자리를 채우고자 했다. 그러나 그런 일방적 사랑은 자기만의 위안일 뿐 영원은 다시금 인간에게 돌아오지 않았다. 그 간극이 인간에게는 번뇌의 출발이었고, 영원을 향해 나아가는 항해의 시작점이었다.

사마대 장성 가파른 오름길에는
모양도 크기도 다양한 자물쇠가 걸려있다
자물쇠를 채우며
영원한 맹세 꿈꾸었으리라
다시는 찾을 수 없도록
아득한 거리에 열쇠는 숨겼으리라

우리네 사랑은 한동안 반짝거리다
점점 빛이 바래지다가
검붉은 녹이 번지면서 삐걱대는 것
잠그려 할수록 더 멀어지고, 멀어질수록
허튼 맹세는 지울 수 없도록

차디찬 바위에 또렷하게 새겨져
마음이란 영영 잠글 수 없다는 뼈아픈 깨달음

허공을 가르며 던져버린 그 열쇠
천 길 낭떠러지 어디쯤에서
가쁜 숨 몰아쉬며 헐떡이고 있을까

산허리 스쳐가는 가벼운 바람결에도
쉽사리 덜컥거리는 비릿한 녹 내음
단단한 쇠사슬도 제 몸을 허물고 있다

—「그대의 자물쇠」 전문

영원이 사라진 시대에, 신이 사라진 시대에 그것은 다시 부활할 수 있는 것일까. 인용시는 그런 영원에 대한 갈망이 얼마나 허망한 것인지를 일상의 현실에서 읽어낸 시이다. 자물쇠를 채우는 것은 중국적 풍습처럼 보이긴 하지만, 우리 주변의 철책이나 관광지에서 흔히 볼 수 있는 풍경 가운데 하나이다. 이 풍습은 아마도 이런 과정을 거치면서 만들어졌을 것으로 보인다. 가령, 사랑하는 연인들이 각자의 이름을 적어서 꽁꽁 묶어두고, 그것이 풀어질 수 없게 자물쇠를 채운다음 열쇠를 멀리 던져 버리는 것이다. 열쇠가 사라졌으니 궁극적으로 자물통은 열 수 없게 된다. 따라서 이 의식에 따르면, 이별은 불가능하다는 상징의 표징이 된다.

물론 이런 의식의 이면에 흐르고 있는 것은 작별이 너무나도 쉬운 이 시대에 그들만의 사랑이라도 영원하고픈 원망의 표현일 것이다. 그럼에도 시인은 자물쇠로 잠그는, 그리하여 영원히 지속되고자 한 이들의 사랑마저도 실상은 전혀 그렇지 않다고 이해한다. 비록 시간의 흐름이라는 자연의 법칙에 기대고 있긴 하지만, "쉽사리 덜컥거리는 비릿한 녹 내음/ 단단한 쇠사슬도 제 몸을 허물고 있"다고 보는 까닭이다.

일상에서 흔히 볼 수 있는 의식에 기대어 영원의 의미를 짚어본 것이 인용시의 주제이긴 하지만, 이 작품이 담고 있는 함의는 그것이 갖는 이 시대의 의미일 것이다. 순간에 노출되어 살아가는 근대인의 일상처럼 시인의 일상 또한 그런 한계를 벗어날 수 없는 존재라고 보는 것이다. 영원을 잃어버렸기에 스스로 규율해 나갈 수밖에 없는 근대인의 초상이 이 작품에서도 그대로 재현되고 있는 것이다.

영원의 상실은 생존 공간에 대한 유토피아적 일탈에서만 그치는 것은 아니다. 그것은 곧장 불구화된 자아, 완결되지 못한 자아의 한계와도 밀접하게 연결되는 문제이다. 한계란 미완성이자 흠결인데, 그러한 결락이 만들어낸 자아와 세계의 화해할 수 없는 거리가 만들어내는 것이 서정의 틈새이다. 이 틈새, 문을 두드리는 것이 결손된 자아의 강렬한 회복의식이다.

언제부터
가물어가는 몸속에
손톱 하나 자라더니
걷잡을 수 없이 길어졌다

아무데나 들이대며
무엇이든 움켜쥐고 할퀴었다
정곡을 찔러대는 쾌감에
미쳐가는 뾰족함
기어이 흠집을 보고서야 가라앉았다
밖으로만 휘었던 그 손톱
어느 순간 돌아앉아
제 살을 후벼 파기 시작한다
애초부터 손톱이 겨냥한 것은
몸의 주인이었다

—「손톱」 전문

완전하지 못하기에 인간은 죄를 짓게 되고, 또 도덕적, 윤리적인 함정에 빠지게 된다. 시인은 그러한 과정을 손톱으로 비유했다. 인용시에서 손톱의 위해적 행위는 나의 의지와 무관한 선험적인 것이다. 그렇기에 그것의 일탈은 서정적 자아에 종속된 것이 아니라 스스로 제어할 수 있는 자동적 존재로 묘사된다. "손톱 하나 자라더니/ 걷잡을 수 없이 길어졌다"는 것은 그 일단의 표현이다.

손톱은 처음에는 자신과 무관한 듯 가학적인 성향을 보인다. "아무데나 들이대며/ 무엇이든 움켜쥐고 할퀴는" 까닭이다. 그러나 그것은 시작에 불과하다. "정곡을 찔러대는 쾌감에/ 미쳐가는 뾰족함"을 자랑하기도 하고, "기어이 흠집을 보고서야 가라앉기"까지 한다. 이쯤 되면 손톱은 나의 존재를 만들어주는

부속물이기에 앞서 타인을 괴롭히는 무기로 바뀌게 된다. 그런데 그것은 궁극에 이르러 "제 살을 후벼 파기 시작한"다. 결국 "애초부터 손톱이 겨냥한 것은 몸의 주인"으로 바뀌게 되는 것이다.

손톱의 날카로운 무기는 타인과 자기 모두에게 위협적인 존재이다. 그것은 어떤 완결된 삶을 방해하는 비동일성의 표상이다. 그런 의미에서 그것은 영원의 상실과 관계되기도 하고, 또 인간이라면 숙명처럼 짊어지고 사는 욕망과 관계되기도 한다. 그러나 어떤 경우이든 그것은 존재의 완결성을 훼손하는 요소이다.

> 아무리 둘러봐도 보이는 건 막막한 사막
> 발밑에 와 닿는 건 세상의 뜨거운 맛이다
> 휘몰아치는 모래폭풍 속에서도
> 오로지 길 하나만 기억하고 걸어갔을 외봉 낙타
> 그 발자국은 깊고 푸른 오아시스를 품고 있었다
> —「자화상」 부분

자아와 세계의 불화에 무감각했던 시인이 만나는 현실은 녹록한 것이 아니다. 자신을 둘러싼 환경은 '막막한 사막'과 같은 절대 극한의 세계와 가까운 까닭이다. 뿐만 아니라 "휘몰아치는 모래 폭풍의 세계"이기도 하다. 그러나 그러한 현실을 탈출하는 것은 쉬운 일이 아니다. 어디 한발자국 디뎌 나아갈 수 있는 곳이 전혀 없기 때문이다.

완전을 위한 여정과 염원

「자화상」은 시인에게 스스로의 삶이나 존재를 비추는 거울과 같은 시이다. 이런 성격을 갖고 있기에 「자화상」은 대다수의 시인들이 한 번쯤은 써 볼 수 있고, 또 써 보아야 하는 작품이다. 따라서 이런 유의 작품만큼 시인들의 내면세계를 잘 들여다볼 수 있는 것도 없을 것이다. 임경숙 시인의 경우도 물론 예외가 아니다. 시인은 여기서 자신이 처한 현실을 '막막한 사막'과 '모래 폭풍에 둘러싸인 공간'으로 인식했거니와 이를 통해서 자신의 존재성을 새롭게 발견하는 계기를 마련하기도 한다. '외봉 낙타'의 행로가 바로 그것이다.

낙타는 사막이라는 극한 상황 속에 길들여진 존재이기에, 이를 초월할 수 있는 조건 또한 충분히 가지고 있는 존재이다. 시인이 희망을 거는 것도 이 부분이다. "낙타의 발자국" 속에 "깊고 푸른 오아시스를 품고 있었다"는 것은 그 사유의 표백이라 할 수 있을 것이다.

돌멩이가 날아들어
실금이 번져가 전방 유리창

깨어진 것이 차창뿐이겠는가
세상살이 사람관계 통장잔고
그러고도 오랜 꿈

장독대에 철사줄로 동여맨 항아리도
가슴팍이 시뻘겋게 녹 슬 때까지
자기 생을 끌어안고 놓지 않았다

금이 간, 그것은
덧없이 무너지지 않으려고
안간힘 쓰다가 불거지는 실핏줄

—「금이 가다」 전문

완전에 대한 일탈을 묘사하는데 있어 인용시만큼 현실감을 주는 시도 없을 것이다. '금'이란 완결에 대한 흠이고 일탈의 상징이다. 시인은 그러한 일탈을 두 가지 방향에서 인식한다. 하나는 관계의 관점에서, 다른 하나는 자아의 관점에서이다. 전자가 사회적인 경우라면, 후자는 개인적인 경우이다. 깨어짐, 곧 '금'은 차창에서 비롯된 것이지만, 그러나 그 의미는 여기서 한정되지 않는다. 세상살이가 그러하고 사람의 관계 또한 그러하기 때문이다. 뿐만 아니라 통장의 잔고도 그렇고, 오랜 꿈 또한 마찬가지의 경우이다.

반면 장독대의 그릇은 자아를 상징한다고 볼 수 있다. 그것은 관계에 의해 놓인 것이 아니라 고립된 채 있는 것이라는 점에서 그러하다. 어떻든 장독대의 그릇은, 완전으로부터 일탈된 불완전한 존재, 깨어진 존재를 의미한다. 그것은 단지 파편화된 흔적으로 남지 않기 위해 동여진 철사줄로 아슬아슬하게 묶여 있을 뿐이다.

「금이 가다」는 내어진 존재, 피투된 존재가 어떤 모습을 취하고 있는지를 매우 사실적이고 상징적으로 보여준 작품이다. 그러나 자아에 대한 그런 인식도 중요하지만 이 작품에서 의미 있는 것은 그런 일탈을 딛고자 하는 의지가 아닐까 한다. 그 일련의 과정이 위 시의 마지막 연에 나타나 있다. "금이 간, 그것은/ 덧없이 무너지지 않으려고/ 안간힘 쓰다가 불거지는 실핏줄"이 그러한데, 실상 이는 그러한 현실을 딛고 일어서고자 하는 여정 혹은 의지라는 측면에서 의미가 있는 것이라 할 수 있다.

비록 엄밀한 의미에서의 봉합이라고 할 수는 없겠지만, 금을 메우는 철사줄은 세상에 던져진 자아가 취할 수 있는 지난한 자기 노력이 아닐까 한다. "무너지지 않으려고 안간힘 쓰는" 실핏줄의 선명한 모습이야말로 그러한 노력의 표현이기 때문이다.

진단이 있으면, 이를 치유하려는 서정적 자아의 농밀한 노력은 반드시 표명되기 마련이다. 그러한 표명은 서정의 농축된 힘으로 응결될 수밖에 없는데, 시인의 경우 이러한 모습은 자아의 치밀한 노력으로, 또는 기원의 형태로 구현된다. 그러한 기원 가운데 하나가 시 「돌탑」의 경우이다.

마라도 둘레길 외진 성당
성모 마리아 발치에다 쌓아놓은 돌무더기
금방이라도 무너질 듯 위태롭다

귀 기울여보면
그 속엔 한없이 처진 어깨로

울먹거리는 가슴이 있다

모든 걸 집어 삼키듯 불어왔던 태풍이거나
눈을 뜰 수 없게 후려치는 눈보라거나
고막을 찢어댈 듯 울부짖는 성난 파도에
휘청거릴 수밖에 없던 고해의 바다

저 돌탑 아래에는
가진 거라곤 간절한 간절함
눈물겨운 곡절이 있다
굳어버린 무릎이 있다
—「돌탑」 전문

시인의 말대로 '돌탑'은 어떤 완성에 대한 간절함이 있기에 만들어진 것이다. 대체 어떤 마음가짐이 있기에 산사의 주변이나 자연의 공간이 아니라 성당 주변에 만들어진 것일까. 샤머니즘은 성당과 조화되지 않는다는 점에서 이들 사이에 형성된 조화는 매우 이채롭기까지 하다. 그러나 중요한 것은 그런 부조화가 아니라 이를 만들어낸 서정의 간절한 욕구에 있을 것이다.

작품에 나타난 것처럼, 갈급한 욕망을 만들어낸 매개들은 '태풍'이나 '눈보라', '성난 파도', '고해의 바다' 등등이다. 그 면면을 들여다보면 모두 외적 자연환경에 불과한 것이지만, 자아라는 형이상의 맥락 속으로 끌어들이게 되면, 불구성의 정서와 불가분의 관계에 놓이는 것들이라 할 수 있다. 영원이라는 공간에서, 의지와 상관없이 피투된 자아는 이렇듯 거친 현실을 헤쳐 나가는 위험한 줄타기를 하고 있다. 그런 위험성이 간절함을 만들어내게 했고, 서정의 강렬한 응집력을 발휘하게 한 것이다.

우기가 오자 웅덩이 패인 곳마다
진한 흙탕물이다
건너가야 할 텐데
바닥의 깊이를 알 수가 없다

뿌옇게 시야가 흐려진 물웅덩이
한 치 앞이 막막하여 머뭇거릴 때
저 멀리서 한 소년이 달려와
겁도 없이 흙탕물 속으로 뛰어든다

물속으로 사라지는 그의 몸
발목이 종아리가 허벅지가
허리가 가슴이 어깨가
깊이를 가늠하는 눈금이다

깊이를 알 수 없는 세상의 웅덩이
빠지고 나서야 내 키를 넘어섰을 때
문득문득 떠오르는 물의 안내자
건너갈 수 있다는 수신호
앞길의 푸른 신호등 한번 받고 싶다

—「물의 안내자」 부분

자아의 의지와 상관없이 세상에 내던져진 존재가 감내해야 할 고통은 가늠하기 어려울 만큼 힘든 것이다. "깊이를 알 수 없는 세상의 웅덩이"이야말로 그러한 고통의 단면을 표현해준 공간일 것이다. 그러나 이 공간을 자아의 힘으로 탈출하는 것은 쉬운 일이 아니다. 아니 불가능에 가까운 일이다.

자아의 힘만으로 견딜 수 없는 것이기에 시인은 다시 기원의 형식에 기대어본다. 서정의 강렬한 정서가 만들어낸 것이 '돌탑'의 상상력이었다면, 「물의 안내자」에서는 그것이 좀 더 구체화되어 나타난다. 세상의 늪에서 허우적거리는 자아를 구원해줄 수 있는 '물의 안내자'라는, 뚜렷한 형상으로 한정되어 나타나기 때문이다. 그래서 이 '물의 안내자'는 한계에 빠진 자아가 만들어낸 또 다른 기원의 실체, 곧 신비적 존재가 된다.

도덕적 자기 수양과 유토피아

인과론적 합리성의 세계에서 안주하던 시인에게, 피투된 존재의 일상에 대한 발견은 너무나도 가혹한 것이었다. 세상의 늪은 너무 깊었고, 자아가 살아갈 공간은 척박했다. 그런 현실을 헤쳐 나갈 자아는 충분히 준비되지 못했기에 적절한 출구를 찾는 것은 쉬운 일이 아니었다. 그래서 시인이 기댄 것이 구원이라는 형이상학과 초월자에 대한 막연한 기대였다. 세상에 피투된 존재가 감내해야만 하는 이 현실이 힘들었던 까닭에 시인이

취한 그러한 행동은 어쩌면 당연한 것이었다고 할 수 있을 것이다. 그러나 이런 기대와 초월의 형식이 샤먼의 형식으로 기우는 것은 바람직한 일이 아니며, 시인 또한 이에 대한 자의식을 갖고 있었던 것으로 보인다. 이에 대한 적절한 균형감각이 그러하다. 자아의 완결이란 결코 외적인 어떤 것에서 얻어지는 것이 아니라 치열한 자기 모색에서 얻어지는 것이라는 사실의 인식이다. 그 가운데 하나가 자기 수양의 감각이다.

모서리 진 말 한마디
뼛속에 박힌 멍
시시때때
현란한 색채로 떠돌다
뼈에 사무쳐
멍하니 주저앉아
자꾸만 핥아본다
—「멍」 전문

이 작품은「손톱」의 연장선에 놓여 있다. 앞서 살펴본 대로 손톱은 가해의 무기이자 자해의 그것이기도 했다. 어쩌면 그 손톱이 남긴 자국은 멍으로 변질되어 오랜 시간 동안 남아있을 수도 있다. 손톱이 현재성이라면 멍은 과거성인 까닭이다. 멍은 일정한 시간이 지나야 만들어진다.

현존의 인간이 가해의 흔적이나 자해의 흔적 없이 살아가는 것은 불가능한 일이다. 그러나 불가피한 것이라 할지라도 정도의 차이를 만드는 것은 가능하지 않을까. 그리고 찍혀진 멍을 치유하는 것 또한 가능한 일일 것이다. 인용시는 표면적으로 보면, 멍은 "모서리 진 말 한마디"에서 얻어진 것이다. 그러니 그것은 타인으로부터 받은 상처이다. 그러나 그 상처는 쉽게 치유될 수 있는 성질의 것이 아니다. "현란한 색채로 떠돌다" "뼈에 사무쳐서" 지워지지 않는 멍으로 남은 까닭이다. 이런 맥락에서 보면, 멍은 세상에 무매개적으로 내던져진 자아가 받았던 상처와 동일한 음역으로 읽힌다. 이전의 자아가 순수 무구한 존재라면 더욱 그러할 것이다. 시인은 그러한 상처를 "자꾸만 핥아봄"으로써 이를 초월해보고자 한다.

그러나 멍은 타인으로부터 받은 것으로만 한정되지 않는다. 「손톱」의 경우에서 보듯 그것은 어쩌면 쌍방향적인 것일 수도 있다. 나도 상처를 주었고, 그 상처가 숙성되어 상대방에게 멍이라는 흔적을 남길 수도 있기 때문이다. 그 끝에서 만들어진 시가 「잉어」가 아닐까 한다.

> 대웅전으로 향하는 극락교 아래
> 인기척에 몰려드는 잉어 떼
> 물 밖으로 내민 입술, 동심원이 지천이다
>
> 햇빛에 잔뜩 그을린 취객 하나
> 지나가다 말고 내려다보며
> 기가 막히다는 듯 혀를 찬다

일 해서 먹고 살아야지
입만 빠끔거리면 다야?
땀 흘려 일할 생각은 없고
입만 나불거리며 사는 것들이란
요즘엔 잉어 인간도 많지

어떻게 알았을까
헛된 말을 지껄이며 밥벌이 해 온 입
앞으로 나온 입술 얼른 들이밀고
잉어가 아닌 척
아니, 잉여가 아닌 척
서둘러 다리를 건넌다
—「잉어」 전문

산사에서 흔히 볼 수 있는 풍경 가운데 하나가 연못일 것이고, 또 거기서 뛰어노는 잉어들일 것이다. 야성을 잃어버린 탓에 잉어들은 사람의 인기척이 나면 먹이가 떨어지는 양 몰려든다. 이 작품은 그런 일상의 현실 속에서 직조된 것이다. 시인의 시들이 대부분 그러하듯 시의 의미들은 그런 일상성 속에서 창조되고 만들어진다. 이 시의 함의는 잉여인간에 대한 타매이다. 건전한 노동의 대가를 치르지 않는 잉어의 먹이 구걸이 시적 자아의 잉여의식에 연결됨으로써 시인의 자의식이 형성되고 있는 것이다.

건강한 노동 속에 건강한 식습관이 깃들인다는 것은 산문적 발상이 아닐 수 없다. 물론 서정시의 영역에서도 노동에 대한 이해는 얼마든지 가능하다. 그럼에도 시인의 시들이 산문의 영역과 그로부터 자유로울 수 없었던 것은 이런 산문적 소재 때문에 그러한 것이 아닐까. 어떻든 시인은 윤리나 도덕과 같은 자기 수양을 통해서, 혹은 노동의 건강한 대가를 통해서 잃어버린 자아의 고향을 찾아내기 위해서 서정의 힘을 응결시킨다. 그러한 힘 가운데 가장 의미 있는 것이 다음에 표명된 소통의 역동성일 것이다.

태풍이 몰아치던 밤
구멍 뚫린 담장은 말짱했지만
시멘트 벽돌담은 무너져 내렸다

무너진 담장 아래 인부는
부려놓은 돌더미 쌓다말고
걸음을 멈춘 이에게
바람 길을 막고 있으니 비켜서라고
담장도 숨통을 막아놓으면 무너진단다

이따금씩 담장 사이로
하늘도 들이고 바다도 들이고
지나가는 사람들 발길도 들이고
마당가 피어난 꽃향기도 내보내면서
틈을 보여야 사는 맛이 난다는 말

애월에 와서야 알았다

순간순간 그렇게 무릎 꺾이던 일

바람 길 하나 없이

버티는 게 얼마나 힘겨웠나

내 몸 속 어딘가에 바람 길 하나쯤 내줘야겠다

—「애월에 와서」 전문

인용시 역시 일상의 현실에서 시의 의미를 찾고자 한다는 점에서 보면 앞의 시들과 동일한 경우라고 할 수 있다. 그런데 이 작품 속에 내재된 의미는 지극히 평범한듯 하면서도 그렇지 않은 것이 특징이다.

이 작품의 핵심 소재는 '담'으로 표상되는 벽이다. 우리는 누군가와 구별하기 위해서 혹은 나만의 것이라고 한정시키기 위해서 '담'을 만든다. 마치 영역을 표시하기 위해 대소변으로 구분하는 동물처럼 말이다. 그런데 나의 것으로 한정시키고 지키기 위해 둘러친 담이 궁극에 이르러서는 그 기능을 상실하고 만다. 막아놓은 것이 숨통을 조이고 결국에는 무너지고 마는 파괴적 속성을 갖는 까닭이다. 자기를 고립시키는 것이 궁극에는 자기를 지키는 것이 아니라는 역설을 이 작품은 분명히 보여준다.

시인으로서 새롭게 출발하는 작가답게 임경숙은 『그녀였던 나』에서 구체적인 선언이나 시의 방향성을 뚜렷이 드러냈다고 볼 수는 없다. 그는 완성된 주제의식을 보여줄 만큼 노련한 서정의 세계로 앞서 나가지 않은 까닭이다. 만약 그러하다면 그는 대단히 조숙한 시인의 반열에 올랐을 것이다. 너무 앞서 나간 예지

적 시인이 뛰어난 시인도 아니고 그 역도 참이 아니다. 모든 것에는 단계가 있기 마련이다. 그는 이제 시인으로서 첫발을 내딛었을 뿐이다. 세상에 내던져진 존재, 피투된 존재의 일상이 어떻게 서정의 영역 속에서 묘파되어야 하는지를 조금 보여주었을 따름이다. 세상은 기투된 서정적 자아에게 시련을 주었고, 그는 세상에 대해 끊임없는 질문을 던지고 있었다. 그 피드백 과정에서 시인은 본래적으로 상실했던 영원성의 감각이 어떻게 회복될 수 있는 것인가를 어렴풋이나마 알아가고자 했다. 「애월에 와서」에서 펼쳐보였던 소통의 미학은 그 하나이다. 다음의 시에서 표현된 '눈물'의 의미 역시 그러하다.

어스름 저녁이면
희미해진 병실에서 아픈 나보다
더 아프게 숨죽여 우는 이의 흐느낌
얼굴 위로 떨어진 눈물이 언제나 뜨거웠다

다 필요 없다
살아만 나거라

가파른 구비마다
나를 돌이켜 세웠던 계명

용서하지 못할 만큼 잘못을 하고
용서하지 못할 만큼 한 맺힌 말을 해도

미움을 허물게 만들었던
그 저녁 수많았던 눈물에 이끌려
예까지 뜨겁게 걸어왔다

—「눈물은 왜 뜨거운가」 부분

"용서하지 못할 말", "한 맺힌 말"이 만든 것은 미움의 정서이다. 미움이 벽을 만들고 담장을 둘러친 것이다. 시인의 말대로 그런 벽들은 결국 무너지고 파멸에 이른다. 이렇게 되면 분열된 자아와 세계의 합일은 영원히 이루어질 수 없게 된다. 그러나 그 영역이 영원한 경계를 만들어내는 것은 아니다. "미움을 허물 수 있는" 눈물이 있기 때문이다. 그 화합의 매개가 있기에 세계 속에 내던져진 존재, 그리하여 세상의 늪 속에서 허우적거리던 자아는 여기서 헤쳐 나와 "그 저녁 수많았던 눈물에 이끌려/ 예까지 뜨겁게 걸어올" 수 있었던 것이다. 뜨거움은 포용의 정서이고 물은 흐름의 정서를 표명한다. 포용과 흐름 속에 인간의 벽은 유지될 수 없을 것이다.

임경숙은 시인으로서 첫발을 내디디면서 포용과 소통의 정서를 발견했다. 제주 애월의 푸근한 바람 속에서, 그리고 세상을 끌어안는 뜨거운 눈물 속에서 이 정서를 발견한 것이다. 시인으로서의 출발은 늦었지만, 그는 소통이라는 매우 중요한 주제를 발견함으로써 그 늦음을 벌충하고도 남은 경우가 되었다. 임경숙은 이제 첫 시집『그녀였던 나』를 상재함으로써 시인으로서 작은 발자국을 남겼지만 소통의 의미를 일러줌으로써 거대한 발자국을 찍어나갈 것이다.

임경숙 시집

그녀였던 나

발　　행　2018년 10월 15일
지 은 이　임경숙
펴 낸 이　반송림
편집디자인　김지호
펴 낸 곳　도서출판 지혜
　　　　　계간시전문지 애지
기획위원　반경환 이형권 황정산
주　　소　34624 대전광역시 동구 선화로 203-1, 2층 도서출판 지혜 (삼성동)
전　　화　042-625-1140
팩　　스　042-627-1140
전자우편　ejisarang@hanmail.net
애지카페　cafe.daum.net/ejiliterature

ISBN : 979-11-5728-300-2 03810
값 10,000원

임경숙

임경숙 시인은 1960년 충남 서천에서 출생했으며, 2006년 동서문학상을 수상했다. 2013년 웅진문학상 소설부문을 수상했으며, 2014년『서정문학』시부문 신인상을 수상했다. 현재 공주문인협회, 현대불교문학회, 풀꽃시문학회, 세종 마루시 금강소설모임 회원으로 활동하고 있다.

임경숙 시인은 이 세상에 내던져진 존재, 즉, 존재의 근거가 뿌리뽑힌 자로서 '그녀였던 나'를 찾아나선다. "산골 절집에/ 만개한 목백일홍"을 바라보며 그대는 "언젠가 나와 함께 보았노라"고 말하지만, 그러나 나는 그것을 기억하지 못한다. 수많은 시련과 아픔은 꽃시절을 훼손시키고, 오랜 세월의 풍화작용은 아예 그 기억을 지워버린다. 기억은 망각되고, 망각은 그대의 말에 흔들려 비몽사몽간을 헤매게 되지만, "슬몃, 풍겨오는 낯익은 향기"에서 '잃어버린 나'를 되찾고 그대와 함께 사랑의 노래를 부른다. 임경숙 시인의 첫시집『그녀였던 나』는 존재론적 성찰의 시이며, 그대와 수많은 당신들을 향한 사랑의 노래라고 할 수가 있다.

이메일 : vic24760@naver.com